U0903235

Воспоминания Цюань Шаньши

# 全山石回忆录

Автор Чэнь Ци
陈 琦/著

**全山石**　浙江宁波人，1930年10月出生，是中国历史上著名史学家全祖望的后裔。父亲全世均，从商，爱好绘画。兄弟五人对文艺都颇感兴趣，全山石是老四，他从小酷爱绘画和音乐，曾在宁波第一中学求学。1947年在宁波宁声广播电台担任播音员，这时候广泛接触文艺。

1950年春，考入杭州国立艺专（后改为中央美术学院华东学院），既学西洋画，也学中国画。当时正逢教育部在全国范围内选拔派往苏联的留学生，全山石由学校推荐，应试，被录取后在北京外国语学院学习一年俄语。1954年秋，去苏联列宁格勒列宾美术学院油画系学习。从师梅尔尼科夫、阿历希尼科夫、乌加洛夫等教授。在苏联学习期间广泛吸收俄罗斯和欧洲的文化艺术，并利用假期到各地大小博物馆及文化遗迹参观，到乡村访问，进行艺术实践。所有这些活动对他的成长和发展起了重要的作用。

1960年深秋，全山石结束了六年的留学生活归国，回到杭州母校浙江美术学院（中国美术学院）。从此，他一直在该院任教，曾任油画系主任、副教授、教授、院教务长等职，并主持油画系第三工作室，培养了许多本科生、研究生和青年教师。

在教学的同时，他一直坚持艺术创作实践。在20世纪60年代和70年代中期，主要从事历史画创作，代表作有《宁死不屈》、《井冈山上》、《娄山关》等。70年代后期和80年代，他曾八次去新疆，一边教学，一边深入生活，画了大量反映新疆少数民族风土人情的作品，代表作有《塔吉克姑娘》、《老艺人》、《维吾尔建设者》、《民乐》及《通向阿勒泰的路》等。

全山石的作品经常参加国内外画展，出版专集有《全山石油画选》、《全山石油画肖像选》、《全山石新疆写生选》、《全山石素描选》等。译著有《德加素描》、《赛洛夫与富鲁贝尔的素描》、《伊贡·席勒的艺术》及《传统油画技法》等书。

全山石现为国家教委艺术教育委员会委员，全国美术家协会会员，浙江美术家协会常务理事，浙江油画家协会会长，浙江美术学院教授等。

渔夫 76cm×54.5cm 1955年

Yalta 11cm×16.5cm 1957年

Yalta 11cm×16.5cm 1957年

# 全山石是这样砌成的

文/ 陈琦

胡适曾评价：“绝顶聪明的人有两个，一个是朱熹，另一个就是全祖望。”梁启超则说：“若问我对古今文集最喜读哪家，我必举《鲒埼亭集》为第一部。”这部巨著名重一代，享誉史坛，而作者正是全祖望，并他在学术史的梳理和古籍校注上也成就不凡，故以其卓然史识和斐然文采兀立于清代史学大家之列，以其融思想家的睿智、史学家的深刻、文学家的才情于一体的治学特色，被誉为“班（班固）马（司马迁）之后第一人”。浙东四明山麓的风水孕育了全氏先人，而从宁波西乡走出来的全氏后代全山石，承继家学，情定艺林，以他的睿智、学养、见识、笔力和高迈境界蔚为美术教育和绘画艺术的一代名师大家而声名远扬。

在美术界，全山石的名字分厚量重，他是新中国培养的第一代油画家中的代表人物之一。可以说，他们这个群体崛起了一个美术时代，而全山石在这个值得记忆的时代中格外耀眼。关注他的艺术和经历，也就了解了这个时代的艺术方向、思想风光和精神力量。他的艺术极具创造力、思想力、感召力，无论审美理念、语言形式、技术能量，都是美术史上的重要铆点，建立了含蕴欧洲艺术传统又民族文化兴味的绘画形态和价值观。但他并不把过去“有限的成就”当勋章，为做好“基础性的小事”沉潜往复。月涌大江流，他用最契合当时和现在的方式润色了民族文化建设的一幕幕艺术大剧，品质地实现了对国家、人民、时代的艺术承担。

**陈：**全老师，你家祖上这般文景，读书治学，到你这一代仍秉承如此高格的家训吗？

**全：**少时我见父亲的案头总放着两部线装书：全祖望的《鲒

1954年　在列宾美术学院学习期间

埼亭集》和李时珍的《本草纲目》。爱好书画的父亲经常作画，记得有一回，他巧妙地在一块受污的白布上画上泼墨荷花挂起来当隔帘，“出淤泥而不染”，一边自我欣赏一边还念念有词。对我们来说，家庭提供了一种修养的条件，我们兄弟几个都自律自强，最后全达到像我一样的教授级别。

**陈：**兄弟各人学有专术，业有建树，但德性相近：都参加了中国共产党，全爱好文化艺术（胡琴、口琴、凤凰琴，书法、篆刻、写文章，各有一番技艺）。你读宁波中学时还兼任播音员。

**全：**是啊。那时我大哥申办了“宁声”广播电台，他是无线电专业毕业的。后来他去了四明山，因为当时的四明山游击队和我过长江的解放大军联络不上，情急中，游击队浙东纵队政委谭启龙知道我大哥的技术比较好，就请他到四明山去，既然革命找到他，我大哥就参加了革命。其实那时被知道实情的话，我们全家是很危险的，所以我们只说他去上海做生意，出差了。

老人头像　41cm×34.5cm　1957年

**陈**：“宁声”可是宁波第一家私营广播电台！

**全**：对。电台是抗战刚结束时办起的，听众很多，生意很好。我大哥走后，就由我三哥和我负责了，我就是广播员。广播的内容有新闻，譬如棉纱行情，还播广告，等等，电台是靠广告的收入来维持的。

**陈**：那时你们5兄弟齐着都要上学，家长可有相当的实力和负重哦！

**全**：我的爷爷是经营银楼的。我父亲很能干很奇特：他会做医生，还把旧房子买来自行设计改造，而后把改造的新房子卖掉，再买来旧房子改造好再卖，这样设计费、建造费都是他自己的。另外，因为我们

1961年　在北京创作历史画《英勇不屈》

全家是大家族，乡里还有田，大家轮流有租收，我们也去收租的，所以我父亲就成了工商地主。但是我们家要抚养十个子女，五个男孩都要读大学，负担还是很沉重，所以我们就都是半工半读的。我现在浙大的二哥当时在复旦大学，他就一边当助教一边又当小学校长，而我跟我三哥在上海就帮他去上课。

女人体 25cm×17cm 1957年

**陈：**当年你怎么会志趣当音乐家呢？

**全：**主要是我在电台里接触了很多的文艺作品，因为要进行广播的话你自己必须先熟悉唱片。就西洋音乐系统的我都知道，戏曲也是这样，袁雪芬、梅兰芳，我会唱越剧，京剧也喜欢。但这么多形式，我最喜欢的还是西方的交响音乐，所以就想考音乐学院。

**陈：**你们电台选播的西方音乐素材哪来的？

**全：**都是我的哥哥们采集编辑的。我刚去电台只有十四五岁，还不太懂，我主要是介绍，譬如要播放贝多芬的第三交响乐，那我就先介绍一下《英雄》的创作背景。放唱片时我得看着，等它翻过来再播，这时除了跟着听啥都不能做，那么这种感受力就慢慢培养起来了。我和哥哥们、弟弟都喜欢音乐，全家都是受我大哥的影响，很自然就喜欢上的。我两个哥哥后来是搞机械的，但他们对音乐非常熟悉。

**陈：**感受各种样式的文艺，激发了你的艺术潜质，启发你走上艺术的道路。中学毕业后你一心想考音乐指挥专业？

**全：**开始的愿望就想考指挥。因为那时我最喜欢音乐，可在电台的时候我已过了学提琴、学钢琴的年龄，但总感到音乐很刺激我，尤其是指挥。解放初期不经常有文工团的演出吗？看那合唱的指挥很是带劲，好像所有的声音都是从他手里带出来的，这时候我就很想，且很有那种感觉，想通过音乐来表达自己。还有我哥哥的建议，我当解放军的大哥当时在组建浙江人民广播电台，我到杭州后他说这里的文工团比较好，问我要不要参加文工

1964年冬　在井冈山上深入生活

团？我想也好啊！文工团里指挥、各种乐器都有。然而1949年冬季的一天，我在白堤上看到敲锣打鼓的在公告国立艺专的招生信息，还展示了很多绘画作品，我觉得很有意思，就报名应考了。没想第二天报纸就登出了被录取的消息，就这样我走上了从事美术工作的道路。

**陈**：你是被当场的氛围感染、唤起的！当时考些什么，你都会？

**全**：考素描，画的是石膏像。这我以前画过，小时候我还在家里搞了个画室，还想开画展，也想当画家，中学时我已学着画人像了。当时曹思明老师是考我的，他一直站在我背后，大概觉着这小伙子画得还可以吧。但当时我还寻思，这位老师怎么老看我，是我画得不好？所以说有些事是偶然的有些是必然的。

**陈**：这事在你是必然。你的早期教育不平常很完全，所以有更多更好的出发点。你可是个全才，好像什么都学得。

**全**：数学不行，我到现在为止还是没有数字概念，连电话号码都记不住。但形象的、艺术的东西，我从小都很好。

**陈**：包括语文、历史、地理、外语都相当不错，这已经很全面了。你的优越很多是来自家庭的陶冶，当然，最终的决定性因素是你自己。是说当年像你们这样的家庭是很难得的，兄弟5个齐崭崭的一个优秀的阵容！

海员头像　47cm×37cm　1954年

**全**：像我们这样的家庭不多。

**陈**：当时的国立艺专是五年制，预科两年，本科三年，不分专业，统称绘画系，既学中国画也学西洋画。而你进入艺专如鱼得水，你和部分同学是跳级的，1950年入学，1953年就毕业留校任研究员了。

**全**：我们这一届招收了很多学生，共有6个班，学校为配合国家改制，把年龄较大的成绩较好的集中在一个班，有三十来个人，我是属年龄比较小但成绩比较好的一类，我是他们的老班长。后来就提前毕业了，我们这班留校的人最多。

**陈**：当时国立艺专的国画力量很强，而你学习创作的第一幅单线平涂的年画《光荣人家》就获得了浙江省年画二等奖并被印刷出版；第二幅《新中国的妇女》也由华东出版社出版了。

**全**：我们开始先学国画，到三年级（最后一年）才学油画。任课老师是颜文樑、费以复、曹思明、庄子曼、胡善余几位先生。毕业创作要经过老师们批准方可画油画，我是仅有的被批准的四个人之一。

**陈**：那时大家反而心仪油画？

**全**：油画灿烂夺目，富有表现力，很让人着迷，我觉得油画

Yalta　11cm×16.5cm　1957年

St.Petersburg　20cm×27.5cm　1959年

1955年　在列宁格勒十月革命一声炮响的阿美罗拉军舰前（右起全山石、罗工栖、李毅、林岗）

乌克兰姑娘 85cm×65cm 1955年

更过瘾，但是没有体验不知怎么画。

**陈**：我们国家引进油画较晚，那时油画的意识和技巧还是混乱薄弱的，油画教学尚缺乏系统完善的体系。要说色彩是油画的基本语言，你们当时对色彩又怎样理解呢？

**全**：老师教我们用的就土红、土黄、煤黑等四五种颜色。

**陈**：谨持中国式的“固有色”观念，实际在用油画颜料画素描。

**全**：基本上就是，从本色出发的观察方法，而非西方油画体系的色彩理念。

**陈**：相比色彩丰富的法国油画，你们就没有疑问？都这么画！

**全**：课堂上就这样。但我们在图书馆里阅览，都喜欢雷诺阿等印象派的。那时我们只是觉得人家画得好，我们画得不好，你看油画颜色红黄蓝白都给我们了，但我们不会用。

**陈**：现在来看，最初的教学指导不无偏颇、缺或。

**全**：那是我们油画的启蒙时期。事实上我们第一代画家到西方去学的也是当时西方最保守的一种油画，包括徐悲鸿在内，他进的工作室是最保守的学院派的工作室。而从当年的欧洲来讲，抽象运动在1910年已经很澎湃了，野兽派早在20世纪初就开始了，印象派已经过了，后印象派也过了，已经到野兽派时期了。他们是30年代去的，早就是抽象派了。

**陈**：不是想要寻根吧，从古典学起？或是人家不与你对接。

**全**：不是的，当时的审美观念是这水平，认为这是好的。但其中也有比较符合潮流的，譬如吴大羽，他当时画的就比较新，接近抽象的。而后因为我们国家的文化土壤关系，这批人回到本土后，这种抽象的艺术大家看不懂，不能接受，也就慢慢消失了。结果是那种很古典很保守的得到了发扬。

**陈**：就像你说的，这是文化土壤的问题。这问题至今仍在探

乌克兰姑娘（局部）
85cm × 65cm　1955年

远眺　11cm×31cm　1955年

讨：只有老百姓看得懂的艺术才能生存！但那时还是学生的你，就觉得西方现代绘画好，很喜欢。

**全**：画得好。但50年代批印象派是很厉害的，因为它是资产阶级的，而我们是无产阶级的。所以，虽然那时我们心里都很向往，但不能学！比较难，但资料还是可以看的。

**陈**：老师们在教学中没有做出鉴别？

**全**：老师很多也都写文章批判印象派。当时不就批判金冶吗！金冶就是主张印象派的。

**陈**：金先生是有一定认识力的，一生坚持着自己的追求。而你们学生只有顾自反思？

**全**：就反思自己画不好的问题，因为当时我们并不知道油画的本体语言。这就跟我们现在很多的中国人一样，以为用油画颜料画的画就是油画，对油画艺术就这样理解。

**陈**：这里有误导、误解，也有误读、误会。

毕业后你作为研究员被分到油画组，自此确定了油画专业方向，接近了你的理想。而更幸运的是你遇上了国家教委选派留学生去苏联学习的机会。

**全**：那是新生的共和国政治、文化建设策略的一部分，国家曾选拔了几批青年学生去苏联学习。记得那年学校里就有很多人应试，初试后经审核选拔了我和肖峰去上海交大复试文化课。考试在体育馆进行，我坐在最后，感觉就像透视的一个消失点，有那么多人，我一点信心也没有，考完就回来了。没想一个月后通知来了，让我俩到中央美院复试专业课，徐悲鸿是主考。到北京一看我又傻眼了，很多能干的、大家说来比较崇拜的同学都来参加考试。

**陈**：你们互相都知道？

**全**：我们是同届的，交流还比较多，知道他们都很强。

考试是画一张素描，因为考创作需要很长时间，所以只让我们把毕业创作寄去。

**陈：**你的毕业创作是《三月九日》，作品后来还参加了第二届全国美展，被编入美展的画集。

**全：**对。因为3月9号发生了一件震惊世界的大事：斯大林逝世了！我恰好在钢铁厂体验生活酝酿毕业创作。"斯大林"的俄文意思是钢铁，当时苏联领袖去世在中国一样震动，我在车间里亲身体验了钢铁工人深切哀悼的感情。我决意要悼念这个日子，就以《三月九日》为题，听柴可夫斯基第六交响乐《悲怆》的心境，创作了平生第一幅主题性油画。

但考完回来想我肯定希望不大，人家可都是强将。

**陈：**当时就觉得中央美院要比华东分院强势，优越。

**全：**当然。结果是中央美院的只录取了林岗，我们2人都考取了。简直出乎所有人的意料！

这样我们作为预备生，先要在北京俄语专科学校留苏预备部学习政治、外语一年。外语是俄国教员教的，每班有一个中国助教。

**陈：**仅用一年时间来强化语言，进度那么快！

**全：**非常快，很多人也就被刷下淘汰了。

**陈：**你过关顺利，1954年7月被正式录取了。你们是国家派往苏联的第二届美术留学生。

**全：**对。1954年的10月，我们抵达苏联列宁格勒列宾美术学院。继而感到强烈的不适应，原因与语言不通有关。虽说我们在国内已经学了一年，考试都很好，但在这儿，上课就像听天书一样，字都听懂的，但朦朦胧胧的确切意思不知道。而我们所有的课程，包括解剖、理论、政治课都要进行课堂讨论的，就老师会在课堂上提出一个问题，叫你发言、阐述你自己的观点。

**陈：**让学生参与思考并随堂交流的教学方式。

人体　80cm×48.5cm　1957年

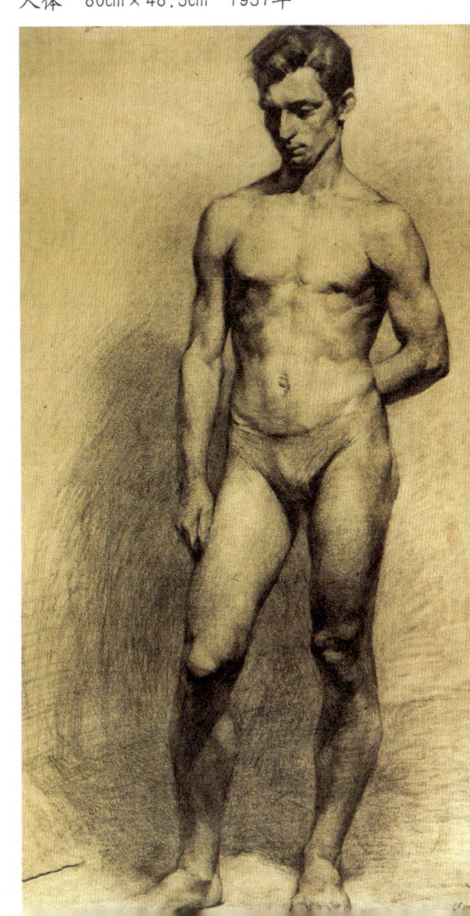

1956年　与列宾美院院长阿利希尼科夫对话（右后排奚静之、钱绍武、邵大箴）

**全：**完全参与，每个学生都要讲。那么我们就得准备，还要把中文的意思翻成俄文，然后把它背出来，在课堂上演讲，你想这有多难！因此中国同学当时都喜欢两个能分在一个班，相互照顾，假如整句话听不懂，那就你听半句我听半句，凑起来！但我跟他们的理念不同，我想锻炼自己，要一个人完成整句话。我的班上就我一个中国留学生，我更希望和苏联同学在一起，这对我熟悉语言帮助非常大，要是跟中国同学在一起往往会讲中文，那样实际锻炼的机会反而少了。在假期的时候，我会接受邀请到苏联同学家里去做客，跟他们一起画画，这种情形下就比较接近本土，对我语言的提高有很大促进。并且我敢大胆地讲，学语言最重要的是要讲，说错了他们都会纠正我。这样一来，我的语言当时就要比他们好一些。

**陈：**语言是你们进入另一种文化的首要工具和重要途径。如果听课都似懂非懂，怎么可能深入了解并掌握人家的艺术文化呢？

**全：**是这样，你要确切地理解老师所讲的内容，语言不通就等于没了传达工具，也无法跟外界交流，所以我觉得语言是非常重要的。还有就是美术史的学习，当时的考试是非常复杂的，一门课，一年来所用图片的相关文字加起来有五六万字，老师上课就是抽出一张画（图片），要你讲出这张画是哪一年、谁画的、什么内容、什么意义等。

**陈**：阅读量非常大。

**全**：大得不得了，因为有西方美术史、俄国美术史、东方美术史、建筑史很多门课程。但他们教研室里的资料非常好，有一种图片，每一张后面都有详细的介绍，就是量太多根本记不过来，而且有些我们不懂。幸好那里的资料员、一个理论系研究生

俄罗斯古城　25cm×28cm　1956年

窗前　50cm×30cm　1956年

毕业的苏联女孩，她很喜欢中国的艺术，而且很热情，专门来帮助我们，譬如有些资料她这里没有而课题里有，她都会帮我找来，不懂的她会帮我解释，这对我帮助非常大。就是通过她的帮助，我所有的美术史课都是5分。

**陈：**那时的学习气氛很紧张吧，据说是不准谈恋爱的。

**全：**我根本不会想这个。我们从周一到周六是没空的，周六晚上可以休息了吧，这仅有的空闲我要锻炼身体打篮球，还要整理内务，星期天一早我要到博物馆去，学习、研究一整天。

**陈：**休息天都被你割舍了，这么紧张的节律你不厌其烦！

**全：**同学中年龄较大的也有谈恋爱的，但我看到他们每礼拜要写信，觉得时间浪费了很可惜；发电报，几个字就很贵，那我就更加不愿意。

**陈：**我原想会有浪漫故事，像你这般素渊才华出众、风貌神气动人的！

**全：**我就不想。国家本身也有规定，那时如果谁跟苏联姑娘谈恋爱，是要被送回来了，谁又敢？

**陈：**大家学习目标明确，心气很高，抱负也大，自然就自律图强。

**全：**我们那代人好奇心、求知欲望都非常强。而且国家给予我们非常的优待：出国前所有的衣服，两大箱都给我们准备好的，包括手绢、牙膏、牙刷、皮鞋油、皮鞋刷都给备下了。那时我们国家为一个留学生付出的培养费，相当于国内的一个班、20几个大学生的费用，所以都特别珍惜。

**陈：**学习期间每月发给的助学金足够用吧。

**全：**通常是够的，但我们生活上都很节约，因为想剩下点钱买颜料，有时想买两张画片、买本好画册，就说我们学油画的要比学理论的费用紧张点。

**陈：**你们要在列宾美术学院学满6年，实属本科、研究生

Female Nude　42cm×28cm　1956

男人体习作　84cm×89cm　1955年

连读。

**全**：出国前我已经大学毕业在学校当研究员了，原来是要我们出去当研究生的，但我虚龄才22岁，与当时研究生的规格28岁距离很远，我们就向文化部、教育部写了报告。

**陈**：意愿读本科，其实是想多学些。

全：就这意思。6年的学制含四年本科、两年研究生，完型的结构。

陈：教学大纲或教学计划是按原系统的，不是因你们而制订的。

全：他们的学院派教学是非常严谨的，有很完整的体系，所以人家就说，“契斯恰柯夫这种教育方法傻瓜都可能变成画家。”

陈：这么讲！

全：因为它很规范。当然这里面也有差异：如果你一关关的循序渐进都过了，但你是被动过关的，那么你就只是画家；如果这一关关你过得都是自觉的、有感受的、领悟了的，那情形就不同了。

陈：这是必需的积淀过程。

全：是绝对需要的。这个时期实际就是掌握规律的时期，我们现在的教学不足的就是忽视了积淀。说到教育是什么？在我看来教育就是继承前人的符合规律的经典的经验，那些经过实践后被证明是有用的东西，也就一定是规律性的东西，因为只有规律性的东西才可以举一反三。我们为什么要画石膏，是为最后能举一反三，并不是要定在哪个石膏。我们学色彩是学它的规律，掌

高尔基水库　23cm×36cm　1956年

Winter Palace Square 11cm×16.5cm 1959年

握了规律后你就可以运用了。这就跟学游泳一样，手伸出去头一定是低下的，等你手一蛙的时候，头就抬起来了，可以呼吸了，这是规律，只有按这样的规律才能在水上游刃有余。所以教育在它整个阶段是学习前人的经验、学规律，说教学的本身就是创造，我认为是不对的。创造是什么呢？是学了这些以后到实践中去应用的问题，但现在倒过来了。

**陈：** 这个问题很有现实针对性。如果意识不清，后续的教育可能会偏离。

**全：** 有的人觉得学院很落后，其实一点都不用忌讳，学院是会落后于社会的，但学院又会前进于社会，为什么？因为教育是由两个部分组成的：第一部分是教学，就是继承前人的经验、掌握规律的过程；第二部分，很重要的部分，是它的科研，科研就是前进于社会的，很多的创造发明都是在科研里进行的。那么我们的教学也是这样的，譬如油画教学，油画写生属学习经验掌握规律，而油画创作的本质就是科研，它是领先于社会的。因此，学院就是一个既保守又先进的综合体，不能突出这一面或突出另一面。一个学校没有科研的话它就是独

黄背景前的女人体 150cm×85cm 1958年

大卫像　64cm×48.5cm　1954年

Hercules　52cm×37cm　1956年

腿的、缺陷的、不完整的，因为教学和科研是相互启发，相互促进，相辅相成的。一方面是实验，一方面是实践，实践中积累总结出来的理论又可用来指导实验。

**陈**：这样的理念贯注在当时苏联的学院教育中？

**全**：这个理念他们非常清楚。当然其中有不足的地方，但这个传统概念他们至今都是很清晰的。

**陈**：经过开始的奋发学习和探索，一年级时你的素描成绩就已经达到5分了，你又怎么解决色彩的问题，继而取得了突破性的进展？

**全**：我的素描很快就达到了他们的水平，因为素描只是造型问题，造型的含义同我们国内基本是一致的，包括国画基础也是造型的意义：比例、轮廓、形体、质感、量感、体积、空间、明暗色调等，所以比较容易进入。但是油画就难了，油画的色彩语

新城　20cm×28.5cm　1958年

言我们原来的基础薄弱，和他们相距很远，所以很多中国留学生最后也没拿到过5分，达不到他们的要求。

因为第一，我们当时对油画在概念上是不明确的。第二，他们是有传统的。有没有传统是两回事，我们往往会忽视这一点。比如让中国学生来画山水画，不管怎么随意点染它还是像山水画，因为有传统。而要让外国人学中国画就不一样了，他们没这个传统，书法也不会，那差距就大了。学油画道理也一样，我们不懂油画语言，油画的塑造距离就很大。但我在2年级就有5分了，到3年级时，我的油画已领先于他们之上，这下所有的留学生包括他们自己都很吃惊。于是朝鲜留学生支部，蒙古、捷克、波兰留学生支部都叫我去做介绍。

**陈：**东方人学西方人的文化，结果可以达到、超过西方人的高度！这种突破，你获得了怎样的经验和体会？又有哪些发现和思考？

**全：**我跟他们作介绍时，就讲到一个非常重要的东西：要想理解一种文化，那就不但要了解它的视觉艺术传统，还要了解他们的文学、音乐等姐妹艺术以及思想传统，因为文化具有整体性，文化的特质会像空气一样散布在每个角落。所以我在这里西方的文学也学，其他的艺术形式，特别是西方的音乐，我每个礼拜都省下点钱去听音乐。还有就是，你要学西方的文化，首先要进入西方人的生活，才能领会到西方人对油画的那种细腻的感情

水塔　30.5cm×27cm　1955年

和极致的表现，不然你就很难理解。所以我常会住在俄罗斯同学的家里，体会他们的文化生活，悉听他们对一些事情的看法，这样渐渐地跟他们的境遇联系起来后，我觉得就比较容易理解了。另外大家相熟了，我基本是跟画得最好的学生在一起，他们会帮助我。那时我们一个年级也有很多班，有五六个工作室，我们要

披毛皮的妇女（局部） 85cm×80cm 1956年

好的三个人是画得最好的，被叫做“三剑客”，他俩一个是爱美尼亚人，一个是俄罗斯人。那时学校里有光荣榜，我的相片就贴在那里。

**陈：**因为你政治、理论、素描、油画各课成绩全优，无与比肩！因此被高度关注了。

**全：**当时小组里的同学批评我“个人骄傲自满开始抬头了”。其实我也就提出了对他们的教学和绘画不满意的地方。因为我学到一定程度后，回头发现他们有很多不足的地方。

这件事讲来有趣：当时很多工作室的主持人来挑学生，当然先是自报志愿的，再看主持人是否愿意接受你，最后是双向选择。原本我们“三剑客”一起报了约干松的工作室，因为我们觉得他既有传统，又有印象主义、现代的东西。结果宣布我是在校长阿列希尼柯夫的工作室，梅尔尼柯夫等教授是这个工作室的导师。

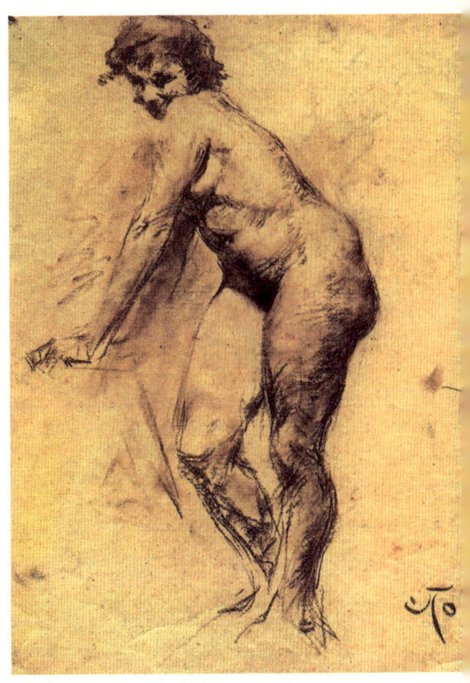

女人体　49.5cm×37cm　1957年

**陈：**这可是个强力组合，就梅尔尼柯夫当时在全国已经很有名望了。是他们挑选了你！

**全：**就是。结果我跟校长讲，我不愿意去他的画室！他问为什么，我说我不喜欢。因为他当时的画重造型，缺乏色彩语言，在我看来太老了（实际在苏联，文艺是1956年赫鲁晓夫上台后才开始解冻的，我们刚去的时候博物馆里没有印象派的东西，看我的画就知道，1956年我才开始搞印象主义，那其实是很新鲜的事）。结果校长跟我解释：我们是以自报和统一分配相结合的方针，我们这一届几个优秀生不能都在一个工作室。

**陈：**他这样做除了爱才，还有是顾及学生的整体培养。

**全：**从他的角度这样做是为了平衡，而我完全出自个人的志趣爱好。

**陈：**这时你对绘画已经有自己的见识和期待了，对色彩语言特别敏感、讲究，而你预见他的风格不适合你，所以就不满意。

1999年　在新疆乌勒斯坦深入生活

**全**：对了。但当时很多学生都巴不得到校长的工作室去，而后大家就都批评我、做我工作说："梅尔尼科夫的艺术修养很好，创作能力很强，你回去要搞创作的，到他那儿学学是好的。"但我心里想着我没错，因为我好不容易到这里来学习，总得按我的兴趣吧？不喜欢也非得照规定做！

**陈**：当时你们几批留苏的同学高低班加一起共有二十几人吧，大家都很顺从合拍？唯有你才高骨傲、毫无世故，养成独立的观察、思想能力，形成着自己的艺术观念、学习策略和方法。

**全**：我比较简单，顾虑较少，说起来其他同学的政治修养确实比我好。但是既然校长这么讲，同学们又都做工作，我也就没二话了。从四年级我们开始分工作室，直到五、六年级是搞毕业创作，就这样我离开了我的两个朋友，当然我们还是保持联络的。但我那时情绪很低，不喜欢怎么学呢！从这时期开始，我觉得他们的教学方法有问题：第一，我觉得他们的教学理念很死板。譬如在素描实践中，缺乏艺术上的辅导。因为绘画不是对错的问题，而是美不美的问题。可他们经常讲的就是，这个色彩画对的、那个画错的。而我觉得有的情形下错的就是对的。

**陈**：你自觉意识了艺术的本体问题，指示艺术的关键不在对错，而在高低。

**全**：我就这样想的，可他们老讲正确不正确的，当然这方面的基础是要的，但我已经解决了，我想要的不光就这些。但进入工作室后，校长实际的教学理念倒说服了我（一开始我有些逆反心理）。譬如他经常会分析一幅画的艺术处理：他讲色彩，"越强烈的色彩素描关系就越平。"确实，红布的明暗就看不太清楚，而白布的皱纹就特别清晰，道理是因为人的视觉有一定的局限性，越刺激的颜色明暗越难分辨，弱的反倒细节更加清楚，越强的颜色，比如很暗的颜色，明暗就看不出来了，那是因为色彩本身的波长刺激了你，比明暗更厉害。

**陈**：他是经验得来的，而这些你很听得进去。

**全**：他凭经验和感情，从艺术上来辅导。这我就觉得跟低年级不一样了，那时强调对与错，到

田野　8cm×36.5cm　1955年

上面就强调审美的规律，强调艺术处理了。我想我不需要学他的风格，我可以学他的经验，学他的理解。这时的苏联艺术正值“解冻”期，作为主流的社会现实主义，在注重内容和生活的同时，也重视艺术形式和表现语汇的探讨，而其他流派的某些长处在某种程度上为苏联的现实主义艺术注入了新的血液。作为学院派代表人物之一的梅尔尼柯夫，这时也以革新的精神，在注重写实与纪念碑风格中糅进了新的成分——更丰富的情感和更深远的意蕴，把古典风格与浪漫情调和谐结合，突出社会现实主义的“诗意”。这种以现实主义为基调又充满诗情画意的创造思想和

小提琴手　77cm×59cm　1958年

伏尔加河上的傍晚 24cm×35.5cm 1957年

艺术风格，使我和导师之间有了更多的共同语言，往后我在他们的工作室就没觉得不正常了。

**陈**：你关切的问题在逐步解释中，而认识力超高、消化力超强的你等不及了。

**全**：对，我很想解决这些问题。

第二，这时我对苏联的绘画已经不满足了，开始对西方的东西感兴趣了。我在博物馆里临摹、考研了历代大师们的传世之作，而提香和委拉斯开兹的作品给我启发尤甚。

**陈**：俄罗斯、苏联的油画是由西方起发的，从意大利和法国的路子来的。

**全**：苏联的艺术，他们向西方传统学来以后，就把它俄罗斯化了。俄罗斯化的、契斯恰柯夫的功劳是什么？就是把学院派的东西生活化。

**陈**：把“美就是生活”的美学理念注入教学实践中。

**全**：这非常重要，从美学理念到教学理念。譬如说，以前学院派画的人体是理想的，因为将来要创作理想化的人物。而从俄罗斯到苏联时期的美术学院，从契斯恰柯夫那一代开始，就遵循巡迴画派的思想，贴近生活，要画到你眼睛看到的样子，就说要表现出你所感受到的真实面貌。所以有人说那完全像照片；说“画眼中所见”的理论是自然主义。当然它里面有这个因素，有局限性、不足的地方，也就是我说的意识上起的作用不够多，但它是个转折点，从理想美转向生活美。而这个转折的成功，要比那个重要得多，这是契斯恰柯夫最大的功劳。所以他们画的人不是理想的人，而是生活中真实的人，画出了真实的皮肤的感觉。而在古典的素描里，没有皮肤的感觉，米开朗琪罗的肌肉、拉斐尔的秀美，都是一种理想的美。

人体　81cm×55cm　1958年

**陈**：一个是按理想来塑造的，一个是从生活中提炼出来的。而对于“真实”的含义，你又有怎样的认识？

**全**：“真实”在这里有两种不同的理解，一种是本身存在。而我们讲的是艺术的真实，它是从真实的东西来的，然而它变成艺术作品后，在包含了真实的本身以外，还包含了艺术家的思想的真实。

**陈**：就艺术家看到的自然的真实和艺术家对自然的真实认识。

**全**：这两部分是包含一起的。重复自然的成分是有的，但不是艺术所追求的。

**陈**：对“真实”的认识，关系到能否客观地看待苏派艺术。很长时期内，在大家的意识中，视网膜成即自然主义的摹写是苏联绘画的范式，其实苏联对自然主义一直是批判的。而现实主义艺术，就其实质是反对教条的，它并不是我们所理解和想象的那

影下的女人体　140cm × 90cm　1957年

吉普赛人 60cm×43.5cm 1958年

种教条化了的“现实主义”（表现一种典型化了的现实）。俄罗斯的现实主义传统，从19世纪的风俗画，画家们就深知要糅合民族传统，扎根生活，把观众的眼光移向正在发生的日常景象。而在50年代，“诗意现实主义”的创作观念十分普遍，苏联画坛出现了许多追求个性和表现性的创作。但我们国内并不了解全面情况，二传、三传的，当时的美术界把契斯恰柯夫的教学体系奉为了基础教学的唯一范式。

**全**：的确。契斯恰柯夫体系在当时的苏联并不重要，事实上，我是回国后才知道的，在苏联并不谈论它。记得1951年访苏归来的刘开渠院长带回了苏联学生的素描习作，这些作品都是在灯光下画的。于是我们大白天的都把教室的门窗关起来，挂上黑窗帘，还把墙壁刷成深灰色，就像是苏联那样画灯光下的素描。当时国内都学苏联学院的灯光作业！我到苏联才发现，那是因为列宁格勒靠近北极圈，冬季阴霾多雪，日短夜长，一般上午11点天才亮，因此素描课只能安排在灯光下进行，实际在春、夏季，苏联美院学生都是在日光下画素描的，而国内却在盲目照搬。这件事给我印象很深，我领悟到学习中应该理清实相，多加分析研究。

**陈**：由于国内对苏联画坛了解不够，对苏派艺术发生了很多误解。所以说，不作深入研究，夸大偶然现象，盲目跟从转而一味批判都是缺乏鉴识力的。“苏派”如今仍含有贬义，其中有部分是出于复杂的政治因素的随风俯仰。

**全**：学术本来很纯粹的，如果把它政治化或加进政治的因素就难说清楚了。我觉得我们应该客观地看待这种艺术，我从来不会因为我是从他们那里学的就一定要讲它好，我不认为我非得讲它好才显得我好，反过来我经常会指出它的不足，我认为能看到他们的不足对我们是有好处的，反而明确了我们自己该怎么走，并非全得要按他们的路子走，老抱着这样的态度是不行的，不好

背　61cm×39cm　1955年

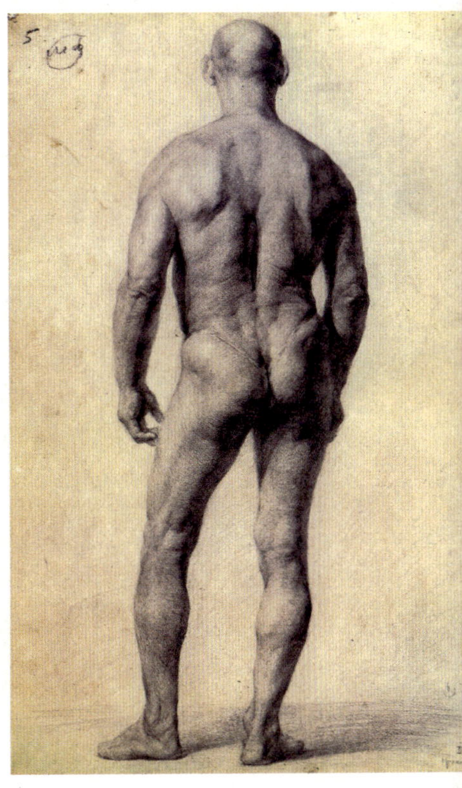

娄山关　布面油画　185cm×340cm　1975—1978年　中国国家博物馆收藏

2005年　与导师梅尔尼科夫教授

创作《历史的潮流》历史画工作照

的东西我们可以不要，这点我是很明确的。我觉得我们必须跳出一定局限，从一定的高度，从整个世界的油画发展史来看它究竟好在什么地方，不好在什么地方。

**陈：**在艺术方向上他们是明确的，并具有创造意味。

**全：**要谈苏联艺术的发展当然不是几句话就能说清楚的，但它总体的脉络我们是清楚的。“舶来的”俄罗斯油画与西方油画一脉相承。俄罗斯建立皇家美术学院是在18世纪中叶，当初学院任教的都是从法国、意大利、英国等国家聘请来的外籍油画家。18世纪下半叶，彼得大帝正式派俄国画家到荷兰和意大利学油画。俄罗斯的油画到了19世纪中叶开始有了自己独特的面貌，一批民主主义思想家、政治家如别林斯基、赫尔岑等提出艺术的民族性和现实生活为素材的口号，后来车尔尼雪夫斯基在他著名的博士论文《艺术与现实的美学关系》中提出“美就是生活”的美学理念，要求艺术反映生活并去解释生活，对生活现象做出判断。在这种美学思想指导下，俄罗斯很快出现了像美术界的“巡迴画派”和音乐界的“强烈集团”，使俄罗斯的艺术具有独特的民族精神和艺术风格。

**陈：**他们引进来西方的绘画传统，再把它俄罗斯化了，就说他们把西方的东西学过来后把它变成为自己的东西。

**全：**而后还有更大的发展，即苏联时期他们又把它无产阶级化了，什么叫无产阶级化呢？就是用它的艺术语言歌颂工人阶级，这个课题是从他们开始的。比如约干松的《老乌拉尔工厂》，他塑造了无产阶级的形象，不仅有传统的油画理念，又有它自己的生命力；再比如莫伊申科的《红军来了》，完全是西方的语言，但表现的是那个特殊历史时期的生活和理念，有时代感，这些就是创造。

但和西方艺术相比，还有许多不足的地方，特别在油画语汇本身的美的发掘上，比如说伦勃朗的油画的色彩魅力；委拉斯贵兹的油画表现的造型、色彩和力度的完美结合，他们还有距离；相比德拉克洛瓦的《希奥岛的屠杀》，不论从构图、造型、表现，都有一定的差距。相对而言，苏联的油画看起来就觉得粗糙一点。

**陈：**“画出地道的油画”是你的出发点，进而，更期望把学得的源于西方的油画变为中国自己的油画。

**全：**要实现这个愿望，在我是一个边考察、边学知识、边研究、边实践的漫长过程。而知识，一是知道，一是识别，知道容易一点，识别难一些，识别就是比较，而且只有知道得多了才可以比较，只一件东西没有可比性。我们有句老话叫见多识广，所以做一个艺术家，知识面应广一些，知识越广，你的鉴别能力就强。那么对油画也是同一个道理。



1975年　带领学生考察静门石窟等民族文化遗产

1998年　与意大利画家弗罗尼商谈出版阿尼戈尼画集

1995年　在欧洲现代艺术博物馆考察

**陈：**为此，你在退休后的第二年就去了欧洲。

**全：**我干什么去呢？第一，进一步认识西方油画传统的形成、发展、演变及其因果关系。建国初期我们只有向苏联学习，可是油画的真正发源地在欧洲，要画好油画，必须追根溯源，直接向西欧的传统学习，研究历代大师的作品，对西欧早期绘画和文艺复兴以来的各流派的油画技法作分析和比较，努力搞清它们的差异和特色。第二，思考自己下一步的路该怎么走？以前我只是在苏联学习了6年，我要了解西方现在究竟在做什么？前后十年，我去考察真正的西方油画，我要研究油画这个画种到了各个国家后怎么变成各民族自己的油画，从中可以得到启迪。

**陈：**实际从苏联学习回来，你的艺术远远超过了同代画家的高度。

**全：**在苏联虽学到了些油画基础，但西方的油画语言真正微妙的地方，我还要进一步学习。20世纪90年代，画家很多都到法国去，觉得法国有工作室、又省钱，他们都不理解我为什么要独自跑到西班牙去？其实我是为研究委拉斯开兹！因为他的东西都集中在西班牙。我在那里一呆就是半年，一方面是去寻根，研究油画的本体语言，我认为油画的本体语言是非常重要的东西，你把它变了，它就不是油画了。就像我们的国画，宣纸、笔墨没了，根本就不是中国画了。那么从西方绘画的发展，我得出一个

俄罗斯人民艺术家梅尔尼科夫　布面油画　116cm × 109cm　2003年

前仆后继　“英勇不屈”变体画
233cm×217cm　1970年　中国国家博物馆收藏

非常重要的结论：从西方整个的油画的变迁和发展历史来看，西方油画的发展就是青出于蓝而胜于蓝的。例如西班牙的油画是向意大利学的，但委拉斯开兹结合了西班牙本国的文化传统和生活，比同时期的意大利画家更进了一步，有新的发展；法国的油画也是向意大利学习的，可是19世纪的法国油画远远超过了意大利同时期的油画。这是什么道理呢？就说你掌握了油画语言后，加上自己本民族特有的文化传统和生活情感，你就能创造出比原来更好的东西。那么我想，如果东方人、我们中国人掌握了西方的油画技术，再加上我们东方人的生活和我们东方人优秀的文化传统，而这个东西是西方所没有的，是不是我们也可以创造出新颖的中国特色的油画呢？

**陈**：应该说中国的油画家们早已有了油画“民族化”的意识，比如《开国大典》等创作实践。但很多当时的经典之作，现在看来意味并不足。

**全**：这样的问题存在，就说明它没融合，油画的本体语言、本质特征没抓住。我觉得“民族化”不要变成一个口号，我认为应该是一种融合，有没有西班牙油画“民族化”的讲法，我没听

中华儿女——八女投江
布面油画200cm×350cm
2003年　宁波美术馆藏

赶车老汉　布面油画
73cm×97cm　1981年

说过，可一看就知道是西班牙油画。油画有其材质本身的美的特征，也有其自身的规则，我们是在掌握油画的规则后把民族的文化融在一起，创造出新的东西。

我再举个例子，就说芭蕾舞，首先脚尖要踮起来，因为芭蕾舞的产生是为表达宫廷贵族的一种理想化的生活，甚至是虚无缥缈的在天上的非人间的一个东西，因此脚要踮起，表现轻盈似飞的一种情状。因为它是这么一种思想和内容，才创造出这么一种艺术形式。因此芭蕾舞有它非常严谨的程式，弓箭步、倒踢紫金冠等，它有一种规则，这就是芭蕾语言。如果不把脚尖踮起来，它就不是芭蕾，或是另外一种形式的舞蹈。但既然是芭蕾，它就要按照芭蕾的艺术语言和规则来。

**陈：**1954年出国时，你还是个共青团员，1959年在苏联，你加入了中国共产党，1960年毕业时，你荣获了红色文凭，是留学生里唯一的一个。完美的留学历程，为祖国争得了荣光！列宾美术学院校方希望你继续留在那里深造。

**全：**当时中苏关系紧张，我们离开祖国已长达六年，考虑国家的需要，就服从组织决定，毅然回国了。

**陈：**那个年代，你们都朴素而真切地怀着对党和国家的感恩之情。

**全：**当然，那时候我们专心学习就是为了报效党、报效祖国，要为人类实现美好的理想贡献自己的力量。我们回来时连做的作业都是交给国家的，我临摹的西方名画自己一张都没留，都交给了文化部，由文化部统一保管。

1960年深秋，一回到母校浙江美术学院，我就全身心地投入了教学工作。同时，留苏学生的作品（包括临摹的西方名作）在全国各大城市巡回展出。

**陈：**引起了极大的反响！苏联美术教学的成果和经验，深度影响了美术界的观看方式，和整个美术教育的方向。同时，你们迅速融入了国家推重的文化建设中，而这一重大使命主宰了你的艺术人生：从60年代开始，你施展锤炼的优越技艺，先后创作和参与创作了《前赴后继》《英勇不屈》《娄山关》《井冈山上》《中华儿女——八女投江》《重上井冈山上》《历史的潮流》《黎明前》等重要的大型革命历史画。

历史画在今天，很多人无法领悟它的难度和作用。1976年你为创作《娄山关》，到红军长征路上体验生活、收集创作素材。为了体会“雄关漫道真如铁……苍山如海，残阳如血”的诗意情景，你自己背粮上娄山关等待。可春雨绵绵，连日不见有阳光的娄山关景象。一直等到第十八天，才遇上了残阳如血的黄昏。你对当初的创作经历记忆犹新吧！

**全：**历史画，要选择赏心悦目的题材，再现人类的重大事件，进而将行为者的美德和最崇高的奥秘在其中。因而，历史画

江南田野　49cm×53cm　1983年

教长(局部)　布面油画　193cm×80cm　1996年　中央美术学院美术馆藏

井冈山上 合作 布面油画
420cm × 365cm 1962年 中国国家博物馆藏

家不仅要具备丰富的历史知识，透彻地了解历史事件的发展过程，而且要精当地选择其中具有典型意义的情节，通过绘画的再现功能、表现功能和象征功能诸要素，展现整个事件。

**陈**：绘画的直觉，要承担叙述的重任，还要给出含量，即要从重大历史事件幕前幕后的真实情节出发，富有想象地塑造典型的人物和场景，突出特定事件的行为者的伟大和崇高，以陶冶、激励、教育、凝聚民众。

**全**：所以画家要依据翔实的材料，还要通过间接的生活体念，来想象、重构，力求真实地再现它。1959年我回国实习搞毕业创作，正值一批画家在为中国革命历史博物馆作画，领导这次创作的是刚从苏联回来的罗工柳，他让我协助创作《前赴后继》，这是个反映1927年大革命失败的重大命题。

**陈**：在苏联你已领略探究过历史画的创作，得了5分的毕业创作《领袖和群众一起劳动》就是一次成功的实践。但要描绘第一次国内革命战争的情境，表现一个缺乏限定的抽象概念，对你是个高难度的挑战。但你分明有着如何摄取的经验并相当的手段。

**全**：这得寻求一个合适的突破口，将其转化为某个真实、典型、具体的画面：寓胜利的先兆于失败的现实中。

当时的画家们都追求苏联样板，我很同意罗工柳的观点和看法，认为应该有中国自己的油画特色。创作《前仆后继》时，我们接触了许多“四·一二”前后的资料，意想以黑夜来表现白色恐

维吾尔建设者　布面油画
140cm×100cm　1986年　上海美术馆藏

怖的历史背景，所以第一稿出来是黑背景。因为太低沉、“悲惨”，被批评否定了。

**陈：**原想把英雄人物整体地塑造成一尊玉碑！后来，中宣部副部长周扬同志建议以“悲壮”为主要的情感主题。

**全：**那个时期我反复研读毛泽东的《论联合政府》的结束语：“中国共产党和中国人民并没有被吓到，被征服，被杀绝。他们从地下爬起来，揩干身上的血迹，掩埋好同伴的尸首，他们又继续战斗了。”确立了表现主题，另外又从相关题材的诗歌、小说、戏剧、电影等艺术门类中寻找灵感。殷夫的一首诗中：“让死的死去吧！/他们的血并不白流，/他们含笑地躺在路上，/仿佛还诚恳地向我们点头。/……我们不能向他们把泪流，/敌人在瞄准了，/不要举起我们的手！/……我们不要悲哀和叹息，/漫漫长途横在前头。/……他们尽了责任，/我们还要抖擞。”那几段给了我很大的启发。1961年，中国革命博物馆开馆前，我终于变“悲惨”为“悲壮”，通过了《英勇不屈》的创作。

**陈：**史诗般的纪念碑式的风格，表现了中国近代史上悲壮的一页。画面上一个战士牺牲了，众多的战士悲愤地围着尸首，在哀悼、立誓。象征“四·一二”事件后，中国共产党人在白色恐怖的惨烈局势下不屈不挠继续革命的英勇精神，极大地焕发出艺术的心理力量。

**全：**1975年，革命历史博物馆告诉我，上面要求对《英勇不屈》作修改，说画面上躺着的烈士要去掉。不可理喻！《英勇不屈》如果去掉躺在地上的烈士，整幅画面的构思构图就都破坏了，怎能做到“在原有基础上修改”？！我硬着头皮去北京（这是我第四次上京画历史画），然后再次到江西、湖南一带，边收集资料边思考修改方案。最后采取掩埋好烈士后在墓上种上一棵小松，革命党人默默向死者宣誓，把原画所表现的宣誓瞬间推迟些时间，这才达到在原有基础上修改的目的。这就是《英勇不屈》的变体画《前赴后继》，它在革命历史博物馆陈列了一段时间，“文革”结束后拿了下来，重新挂上了原来那幅《英勇不屈》。

**陈**：就1927年大革命这个命题，从1959年到1961年再到1975年，不断变换着它的构成因素和形式，从《前赴后继》到《英勇不屈》再到《前赴后继》再回到《英勇不屈》，观念意识上的种种限制，让画家在创作中备受艰辛，在技巧和风格上被遏制而徒增难度。但说自由永远存在于限制之中，因为限制往往能激发创造力，即便在意识形态最强大的时候，艺术家也可能通过他的思想资源创造性去打造某种空间。

**全**：的确，我和罗工柳一起合作反映中国革命道路的历史画《井冈山上》时，开始连续两稿都没通过，因为这幅画放在革命历史博物馆的位置对面恰好有面窗，所以力求要避免反光。我费了好大周折，终于研究出一个办法，把白蜡化入松节油，颜料也要重新碾过、加蜡，用石膏底料的画布，去掉三分之一油性，这样来画 “不发光的油画”。另外就是如何表现 “区别于苏联的中国革命的道路”？我们学习了大量的文献资料：中国革命是毛泽东同志根据马列主义基本原理与中国的具体实践相结合，在中国共产党的领导下以农村包围城市最后夺取城市，以武装的革命反对武装的反革命，大革命失败后，毛泽东带领革命队伍上井冈山，建立革命根据地，这是最典型最具体的中国革命的道路。立意确定后，我们又到江西、湖南一带老革命根据地体验生活，在井冈山上待了好多天，考察实际地貌，来安排恰当的构图，最后决定通过部队行进的方向来表现。画出了初稿，并放大成四米多高的素描稿：画面是在毛泽东率领下一支工农红军上井冈山，毛委员骑在马上，在山头上高瞻远瞩，看上去颇有气势。博物馆请了参加过井冈山斗争的中宣部副部长张际春来审稿。他介绍了当年井冈山的许多情况，说那时毛主席不骑马，也不会骑马，马是

包红头巾的女孩　38cm×30cm　1979年

给伤病员骑的，稿子被否定了。但接下去我们继续推敲，继续构思，很快拟定了新的方案，并正式上画布。

**陈：**这又一次显示了你们的创造潜力和艺术定力。说明艺术家只要有智慧和意志，限制所产生的摩擦力阻碍不了前进的动力。你因此名声在外，心气更高。

**全：**1962年，我接受了黑龙江博物馆的邀请，画《八女投江》，这又是一个表现民族精神的重大题材。抗日战争的曲折历程是父兄辈也是自己亲身经历过的，对抗日英雄心怀深厚的感情。夏天，我到东北的牡丹江一带深入生活，甚至春节也在作画。画面是暗红色的调子，战士们在敌人的炮火下，在一片战火的背景前，以“宁可站着死、不愿跪着生”的大无畏精神坚持战斗。可是，这样一幅表现中华儿女不屈不挠的英勇气概的油画，在林彪委托江青召开的文艺座谈会纪要出笼后，竟被安上“宣扬战争恐怖”的罪名，成了重点批判的“黑画”！这幅反映民族精神的油画就这样惨遭毁灭。直到1989年，美国洛杉矶东方博物馆和香港东方艺术基金会知道我曾画过《八女投江》大幅油画，并在“文革”中遭毁，希望我能为他们重画一幅。我觉得能让这幅表现民族英勇气概的作品重见天日是件好事，就根据“文革”前保留下来的草稿和凭记忆重新创作了《八女投江》。1995年5月间，我在香港东方艺术基金会和双兰国际艺术发展集团的支持下，在香港大会堂举办“全山石油画展”。那年正是抗日战争胜利50周年，我要求《八女投江》参加展出，于是东方艺术基金会特地从美国洛杉矶把这幅《八女投江》运回香港展出，群众反映很好。展出结束后，东方艺术基金会把这幅作品赠送给香港大学博物馆长期陈列，让它有更多的华人看到，比放在美国更合适。

**陈：**表现在危难面前的正义勇气、英雄主义精神。画面气魄宏大，形象鲜明，彰显了钢铮的性格和对英雄气概的向往，具有强烈的浪漫主义情怀。2005年，你又复制了一幅，赠与家乡的宁

塔吉克姑娘　80cm×95cm　1980年

女大学生　布面油画　125cm×75cm　1958年

系黄头巾的姑娘　布面油画　55cm × 46cm　1997年

波美术馆永久馆藏。

“文革”后，你担任了油画系主任，为恢复油画系的教学秩序，重建油画系的师资队伍和教学设施付注了极大心力。后又当任院教务长，为学院教育的继往开来、开拓性发展作出了卓著的贡献。而出自你主持的油画系第三工作室的几十名本科和研究生，亦已成了学校教学和创作的骨干。

**全：**是的，当时第三工作室学生最多了，胡振宇、徐芒耀、尚丁、许江、翁诞宪、杨参军，章晓明、孙景刚、王羽天等都是，现在中国学院油画系的教师绝大部分出自第三工作室，为发展中国的油画事业和培养油画人才我们并肩作战，这使我感到欣慰。

**陈：**1980年前后你八次上新疆，不仅敞开艺术襟怀，尽情地作画，还为新疆油画事业的发展“赴汤蹈火”！

**全：**新疆维吾尔自治区的油画起步较晚，大概在20世纪四五十年代才被群众所接受。由于历史原因，在少数民族的绘画史上画的大多是花卉、风景、静物之类，很少甚至是不允许出现生命的迹象（包括人物）。维吾尔族的画家们在50年代才开始冲破这一禁区，开始画人物。为了迅速发展新疆的油画事业，1981年，新疆维吾尔自治区文化局委托新疆艺术学校和新疆美协联合举办了少数民族油画训练班，邀请我去任教。这个进修班集中了维、哈、锡伯、达斡尔、蒙、回、汉七个民族的17位学员，我和他们一起生活，一道画画，一块儿下乡，彼此建立了深厚的感情。

有些事是终生难忘的：1982年元旦，大家度过了一个愉快的节日，夜晚各自回去住处。整个教学大楼空荡荡的，只我和小黄留在楼上教室对门的卧室里。深夜，气温降到零下十几度，我们很快被寒冷逼入梦乡。沉睡中突感有股浓烟，使我喘不过气来，我连忙从床上坐起，叫醒小黄，发现一股股浓浓的黑烟从

老铁匠　43cm × 54cm　1979年

门缝壁缝里钻进来。往外一看，整个大楼已陷入火海中，燃烧着的楼梯浓烟滚滚，一阵阵的黑烟呛得我们咳嗽不止。看来只有从楼上跳下去才有出路！我用力击碎两层玻璃的窗户，这时，看到油画班的学员已赶来大楼，他们看到楼上的老师被困，就冒着生命危险，顶着浓烟与火苗，猛冲上来，一个达斡尔族的女学员在半途昏倒，班长买买提扶起她后又继续往上冲。学员们这种生死友情，使我感动得流下热泪，我们紧紧拥抱在一起……值得一提的是，众人喜爱的《塔吉克姑娘》、《老艺人》、《诗人》等作品，正是民族同胞的奋力相助，才从烈火中抢救了出来。

**陈：** 新疆写生创作是你艺术研究、创造的延伸、拓展的一个重要阶段。从描绘中国革命的历史波澜到表现现实社会人们的风貌情性，你的绘画集观念、技巧、审美，从凝固的方式中脱颖而出：从生活出发，融情感和理想使之美轮美奂，生动了江山、人文一片。其实早在五六十年代，你就已经不满意苏联的绘画模式，希望中国油画有自己的面貌。而新疆写生的经历适时促成了你改造过去的表现手法的感想。因为外景写生必须在短时间内完成，需要画家果断迅速地处理画面，因此，学院画室的技法不太适用了，块面式的分析、塑造往往会消磨画面中最生动的部分。当时你最强烈的意识是什么？你索求什么？

**全：** 很想改变以往“全因素”中刻板的自然主义的眼光以及由此衍生的一系列绘画套路，那种繁杂琐碎、单调而缺乏节奏感的因素。我认为油画像其他艺术一样都须有自由、单纯的品质，这并没有削弱油画的根本，因为西方的油画传统也非常复杂，我们在学习西方的传统时应该把视野放得宽阔些，不能简单化。比如说西方的祭坛画就带有非常强的装饰性，与我们的民间艺术有共同之处。而在民族传统艺术中，对我启发最大的是敦煌壁画，它不同于水墨画，它在材料和技术层面更接近油画，这让我体会、联想到许多油画表现的问题：以前受苏派影响，画油画

集市　38cm×51cm　1979年

穿红背心的妇女　布面油画　97cm × 69cm　1956年

老艺人　布面油画　34cm×24cm　1980年

讲究“摆”笔触，用笔头切面，一面面地画，这样虽有利于塑造形体，却阻碍了表现力的发挥，也不利于抒情表意。看到敦煌壁画之后，我发现油画也可以“写”，写的油画表达情绪很有力，比较符合中国人的情感方式。中国人一般不太适合印象派那种繁密的表现手法，起码我个人不喜欢，我比较喜欢大块和舒展的手法。敦煌壁画大都是印度和中国的民间画工们所作，由于画得熟练，近乎在“写”，显得非常自由，表现力很强，这正是我在寻找的“语言中介”。

**陈：**吸取那种精炼、本质、灵动的写意手法后，你的画面呈现出一种不受体面制约的、自由率意的、单纯舒展的“写”的意味。这在你不仅是一种表现手法和画面效果，而是转化的油画语言的一种品质。

**全：**在我临摹、研究敦煌壁画的过程中，我开始摸索从面到线的表达方式的演变，抛开块面式的塑造模式，那段时期我画背景都用“写”的方法，后来又借鉴了陶器和瓷器上的民间绘画，用笔更自如了，一笔扫去将结构带出……后来我又知道，这一切在伦勃朗和委拉斯开兹的画中早已存在了。

**陈：**你从东方的优渥发现了西方与我的相似之处，而我们长期陷于苏联绘画，处在对欧洲绘画的简单臆想中，不考究它的本体和执重。你的“一笔扫去将结构带出”，是一种非凡的大师手法，它依托的是对物象更精确的描述，这一笔既是形象本身又有色彩风韵，并把体积感准确地暗示了出来。你终于把握了问题的实质，将中国的线条转化为油画自身的语言特质，取得了追求油画本体语言和民族性诉求的双向认同。它的意义在于，传统艺术首先意味着一种书写的快意，一种更能抒情表意的绘画手法，通过它可能进一步发掘油画自身的表现力，并暗合了欧洲油画大师们的道路。

**陈：**从敦煌到新疆，你非常感慨那里的空气清新，阳光灿

新疆人　52cm×67cm　1985年

百岁老人贝贝提　布面油画　100cm×90cm　2007年

烂，色彩鲜明，十分适合画油画，动人的场景、丰满的生活内涵、浓郁的民族同胞情谊深刻吸引了你。

**全：**那些日子兴致勃勃，直感到时间不够、精力不够！那里的山山水水、农舍田野、道路桥梁都很入画，那里的人更美。经过一段时间的生活，对少数民族的生活风情也有所体会，我日记似的，直接从生活中捕捉素材，绘写我对那里的生活的感受和理解。之后我搞了个“新疆写生画展”，在上海、杭州、山东、安徽、河南、湖南等几个省市巡回展出，还出了一本《新疆写生》专集。

**陈：**赢得众口交誉！罗工柳先生在画集的序言中评价：“有形有神，色彩结实，油画表现力很强。”确实，深入新疆，让你获得了极好的表现素材，地道了表现语言，并突破了以往的话语方式，激情地创造了现实主义艺术的精粹。新疆写生的完美，引

舟山大玉环　36cm×50cm　1973年

起了世界各国艺术家、收藏家的深度关注，造就国人对油画语言、对现实主义艺术的再度知识，一直被认为是难以企及的高度。大家在追随你的过程中，扩开了视界，引起了思辨，考量油画“民族化”的进路。你怎样看待如此的成功？

**全：**其实我们有着非常丰富、浑厚的民族艺术传统，这是一个非常独特的语言体系，很值得吸收和发扬。

**陈：**但在“民族化”的过程中，油画家们面临着一个亦已成为事实的危险，就是失去根本的“油画性”，即“民族化”往往会消解油画自身的语言特质。而当年你们是为“地道的油画”出发的！还有，民族绘画往往十分程式化，而艺术家的重要任务就是要不断地打破程式化。你怎么化解这种矛盾？

**全：**一方面，我受过的专业训练，考虑色彩、造型的因素比较周全；另一方面，当作画进入一种熟能生巧的状态时，你就不会再受体面的束缚，开始舒展自如地“写”，在这种状态中，

一帆风顺　21cm×44cm　1973年

红山　24cm×54cm　1980年

“面”演变为“线”，只需一笔扫过去就可以将结构带出，不需要一笔笔地塑造。但这其实是一个更难把握的状态，对画家有更高的要求。

**陈：**是说物象的表现是通过暗示而非直接的描绘，这一手法解决了再现和绘画性之间的矛盾。在闪烁的光影中，不定有明确的轮廓线，更多的内容只被暗示出来。艺术本身就都是暗示，借此，在油画民族化的传统中，欧洲的许多绘画大师早已在自己的创作中超越了这一矛盾。

**全：**是的，90年代后我去欧洲考察研究油画，才知道在伦勃朗和委拉斯开兹，对“体面塑型”的方法，他们早就开始演化为画面上的“写”了，自由而又严谨。伦勃朗的画面上，每一笔都有极强的表现力，同时又非常克制，他刻画的金灿灿的铠甲，仿佛是用颜料和画笔锻造的，让人很难分清——那画面上既是坚实璀璨的铠甲，又是颜料本身。委拉斯开兹也是，他所刻画的形象如此逼真，但当你凑近看去，这些物象就消失了。

**陈：**你觉察，直至今天，国内对真正的油画传统仍缺乏充分

黎明前　布面油画
220cm × 308cm　2008年

的认识。

**全：**所以，90年代后我几乎每年都出国，一面学习，一面反观中国的油画创作。欧洲油画的传统非常深厚，我们只有通过不同传统、不同形态的结合，才能够有所创造，欧洲油画历史之所以不断进步，也正是因为这一点。而问题的关键是在把两方面的传统都真正地吃透，才能将这两种伟大的传统结合起来，在这基础上创造出新的油画面貌，使之成为中国艺术的一个部分。

**陈：**要想把外来的油画发展成为我们艺术传统的有机组成部分，首先应该尊重其“外来性”，因为外来性就是油画的本质特征，当然自己的传统构成也需要认真梳理。只有在这个前提下，我们才可能在油画传统与中国自身绘画传统之间进行一种双向转化，并最终成就高水平的“中国油画”。因此，当你看了系列的格莱柯和委拉斯开兹的作品，对古典油画技法有了新的认识后，牵动了你的教授情结，感到应该纠正自己过去写的《传统油画技法》中的一些不确切的内容，心愿对后辈学子有更为确凿的、全面深入的交代。于是你挥起另一支笔，开始著书，延伸审美和技艺的传递。

**全：**我每次出国考察总想把欧洲好的油画介绍到中国来，最好的途径是通过出版物来推介，所以我编著了很多画册。

**陈：**有一定针对性地，比如《欧洲油画大师作品点评》，对西方传统油画的发展和变迁作进一步的研究和透彻的释解，以修正、提高并深化国人的认识。靳尚谊先生盛赞，“你的画在全国很有影响，现在编的书作用还要大。”

**全：**改革开放后百花齐放百家争鸣的形式很好，我可以讲我的观点，把我认为好的、喜欢的、适合我们国家的油画介绍过来，让大家去审视、鉴别。我编写的书，主要是介绍俄罗斯的油画，因为我比较熟悉。也介绍在国内少见的一些欧洲画家，如被称作“阿尔卑斯山上的一颗明珠”的意大利画家塞冈蒂尼，在意大利未来主义兴起后就慢慢被遗忘了，但他的东西很好，表现阿尔卑斯山人民的生活和民族风情，手法很新。我想拂去历史的浮尘让明珠重现出来，就从各个博物馆收集来资料再编辑成书，因为欧洲很少有这样的画册。又如介绍的北欧画家佐恩，也是位很出色的写实主义画家，国内从未有过他的画集。

**陈：**像这样的淡出时代的杰出画家还有意大利的阿尼戈尼，他也是被您发掘出来的，现在意大

阿勒泰　48cm×74cm　1983年

英勇不屈　布面油画　233cm×217cm
1961年　中国国家博物馆收藏

利政府专门为他造了美术馆，以他的名字命名一条街、一个广场。这样你持续编著了《德加素描》、《赛洛夫和富鲁贝尔的素描》、《伊贡·席勒和他的艺术》、《菲钦》、《欧洲的油画》、《传统油画技法》、《俄罗斯画家系列》等。主编有《俄罗斯博物馆藏画》、《特列恰可夫国家画廊藏画》、《意大利画家塞冈蒂尼》、《阿尼戈尼》、《意大利古典人体素描》等。就像你说的，上课是告一段落了，但这些年你为中国的油画界、为美术界作出了又一大贡献，你感到很值！

**全：**我们这代人忠于理想，有责任心，对历史、文化、艺术很虔诚，做事的原则是为大众服务，总觉得自己是党和国家培养的，这种思想根深蒂固。

**陈：**面向时代，你执重、推崇的还是具象的写实风格的绘画。

**全：**我认为，写实绘画有着无穷的力量，但并不是说其他画风不重要。从我们国家来讲，最需要的是写实绘画，因为它反映现实，更能被广大群众所接受。当然，欧洲的油画发展到今天已不全是过去的概念了，在传统的基础上有了新的发展。具象绘画已不是以往的“写实”概念所能包容了的，有“写实”，也有“写意”，甚至以符号化了形象语言来表达作者的思想意图。现今的欧洲艺术虽还以抽象、观念艺术为主，但新具象艺术已逐渐与抽象艺术和观念艺术相抗衡了，出现了彼此展开大辩论的局面，这与10年前我在美国看到的情况有所不同。当然，艺术的样式应该多种多样，这是符合客观规律的，但在艺术的发展过程中，终究不能回避最根本的目的，那就是反映和表现这个时代的真实面貌和精神，而且艺术家的作品还应与这个时代的群体取得共识，这样，艺术才会有生命力。

**陈：**游历广泛、厚学博闻的你君子襟怀、学者风范。作为资深的艺术家，你不断激活着心智，从容而精致地呈现了写实主义的风骨，附着浪漫主义的情怀、理想主义的华彩。你意犹未尽地往返着，庄严地修正着，荡然的雍穆宽厚，因此山高水长。你执著本色的热忱豁达，谋事达人，以你的见地和斐然成就直接或间接地指正濡润着后学，嘘拂恩惠于后贤。你绰约的现实主义做派，让事事携上风情、格律、力度，使日常的状态变得熠熠生辉。春风风人，夏雨雨人，你激起多少同道的美丽憧憬，层层烙印在艺术文明的史册。然而江河都往海里流，海却不满。

大树　38cm×47cm　1982年

中国20世纪50年代中苏美术文献系列丛书



图书在版编目(CIP)数据

全山石回忆录/陈琦著.—沈阳：北方联合出版传媒（集团）股份有限公司　辽宁美术出版社，2009.11
（中国20世纪50年代中苏美术文献系列丛书）
ISBN 978-7-5314-4259-2

Ⅰ.全…　Ⅱ.陈…　Ⅲ.全山石-回忆录　Ⅳ.K825.72

中国版本图书馆CIP数据核字（2009）第214785号

出 版 者：北方联合出版传媒（集团）股份有限公司
辽宁美术出版社
地　　址：沈阳市和平区民族北街29号　邮编：110001
发 行 者：北方联合出版传媒（集团）股份有限公司
辽宁美术出版社
印 刷 者：辽宁泰阳广告彩色印刷有限公司
开　　本：787mm×1092mm　1/16
印　　张：4
字　　数：25千字
出版时间：2009年12月第1版
印刷时间：2009年12月第1次印刷
封面设计：刘志刚
版式设计：刘志刚
责任编辑：刘志刚　宋柳楠
技术编辑：鲁　浪　徐　杰　霍　磊
责任校对：张亚迪
ISBN 978-7-5314-4259-2
定　　价：28.00元

邮购部电话：024-83833008
E-mail:lnmscbs@163.com
http://www.lnpgc.com.cn
图书如有印装质量问题请与出版部联系调换
出版部电话：024-23835227